Impressum
Verlag: BABADADA GmbH, Nedderfeld 112 , 22529 Hamburg
Geschäftsführer / Verlagsleitung: Harald Hof
Druck: Books on Demand GmbH, In de Tarpen 42, 22848 Norderstedt

Imprint
Publisher: BABADADA GmbH, Nedderfeld 112 , 22529 Hamburg, Germany
Managing Director / Publishing direction: Harald Hof
Print: Books on Demand GmbH, In de Tarpen 42, 22848 Norderstedt

sekolahan
escola

kelas
classe

para
dividir

186/2

blabag kanggo nulis
tauler

latar sekolah
pati (de l'escola)

guru
professor

dluwang
paper

nulis
escriure

pen
estilogràfica

meja
escriptori

garisan
regle

buku
llibre

murid
estudiant

tas sekolah

bossa

tepak potlot

estoig

potlot

llapis

orotan potlot

maquineta de fer punta

setip

goma

lemek nggambar

bloc de dibuix

gambar

dibuix

kuwas

pinzell

tepak cat nggambar

capsa de pintures

gunting

tisores

lem

cola

buku latihan soal

quadern d'exercicis

pakaryan omah

deures

12

angka

nombre

2+2

tambah

afegir

5-2

suda

sostreure

2×2

ping

multiplicar

itung

calcular

aksara

lletra

ABCDEFG HIJKLMN OPQRSTU VWXYZ

abjad

alfabet

tembung

mot

teks

text

maca

llegir

kapur

guix

wulangan

lliçó

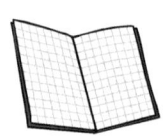

dhaptar

llibre de classe

ujian

examen

sertipikat

certificat

sragam sekolah

uniforme escolar

pendhidhikan

formació

ensiklopedia

enciclopèdia

universitas

universitat

mikroskop

microscopi

peta

mapa

kranjang larahan

paperera

sekolahan - escola

perjalanan
viatge

hotel
hotel
Grand
hostel
alberg
ROOMS
tor pertukaran duit mancanegara
na de canvi
EXCHANGE
koper
maleta
mobil
automòbil

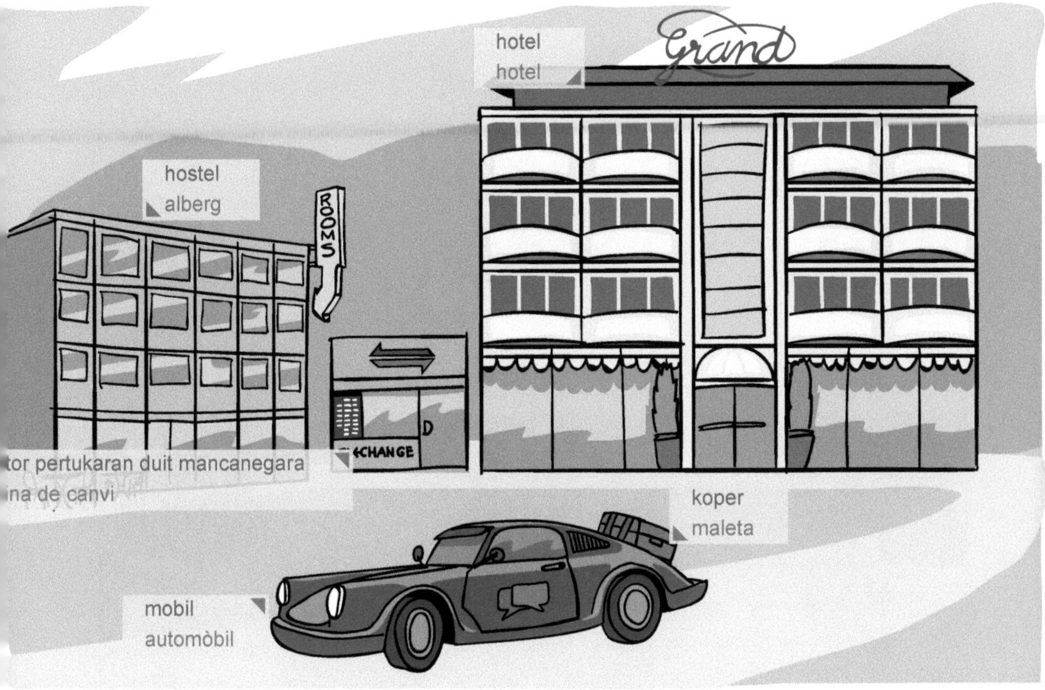

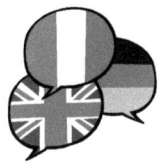

basa

llengua

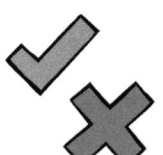

iya / ora

sí / no

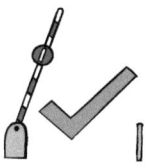

oke

D'acord

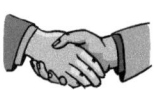

halo

Ey!

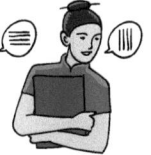

juru basa

traductora

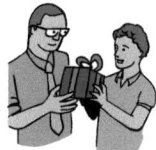

matur nuwun

gràcies

Piro regane ...?

Quant costa... ?

aku ora ngerti

No entenc

masalah

problema

Sugeng dalu!

Bona nit!

Sugeng enjang

bon dia!

Sugeng dalu!

bona nit!

pareng

fins aviat

arah

direcció

koper

bagatge

tas

bossa

ransel

sarrona

tamu

convidat

kamar

cambra

kantong turu

sac de dormir

tenda

tenda

informasi turis

oficina de turisme

pantai

platja

kertu kredit

carta de crèdit

sarapan

esmorzar

mangan awan

dinar

mangan ing wayah bengi

sopar

tiket

bitllet

lift

ascensor

perangko

segell

watesan

frontera

cukai

duana

kedutaan

ambaixada

visa

visat

paspor

passaport

angkutan
transport

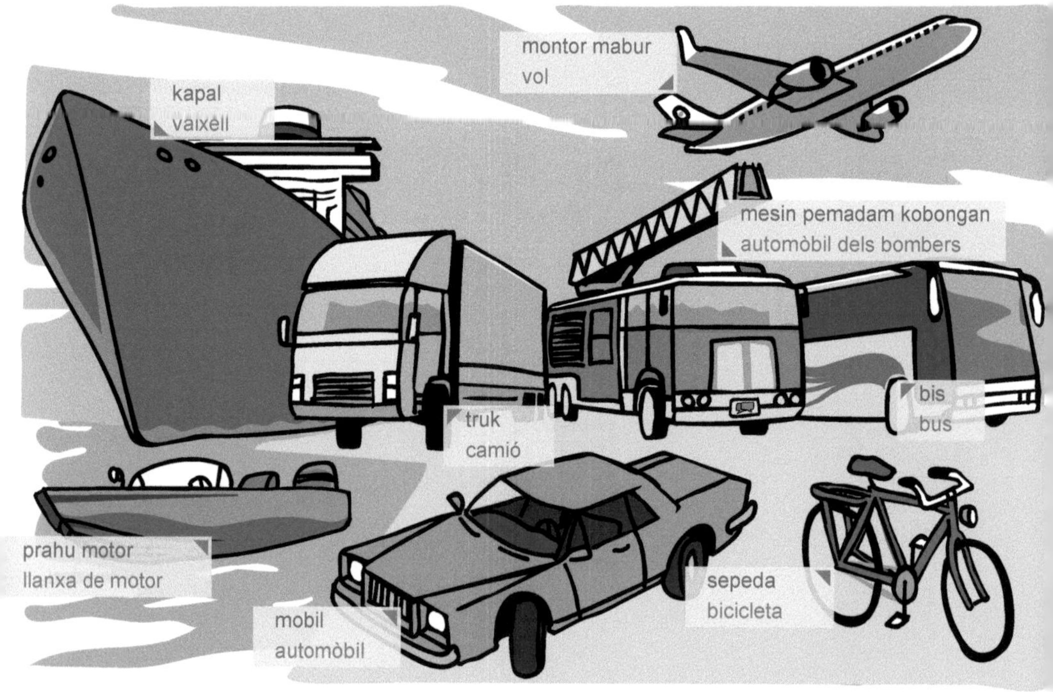
montor mabur
vol
kapal
vaixell
mesin pemadam kobongan
automòbil dels bombers
bis
bus
truk
camió
prahu motor
llanxa de motor
sepeda
bicicleta
mobil
automòbil

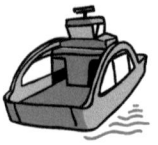

feri

transbordador

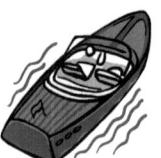

perahu

barca

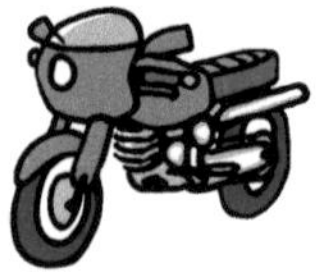

sepeda motor

moto

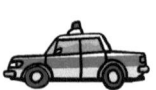

mobil polisi

automòbil de policia

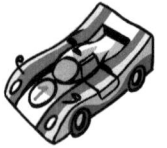

mobil balapan

automòbil de curses

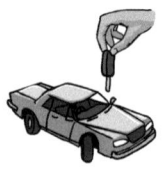

mobil sewa

automòbil de lloguer

sewa mobil

vehicle compartit

truk derek

grua

truk resek

camió de les escombraries

motor

motor

bensin

benzina

pom bensin

benzineria

tanda dalan

senyal de trànsit

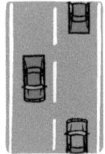

lalu lintas

trànsit

macet

embús

parkir mobil

aparcament

stasiun sepur

estació de trens

ril sepur

vies

sepur

tren

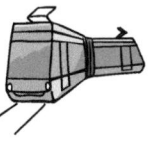

tram

tramvia

grobak

vagó

helikopter

helicòpter

lapangan montor mabur

aeroport

menara

torre

penumpang

passatger

kontener

contenidor

kerdhus

capsa de cartó

troli

carretó

kranjang

cistella

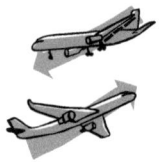

mabur / ndarat

enlairar-se / aterrar

kutha

ciutat

desa

poble

tengah kutha

centre de la ciutat

omah

casa

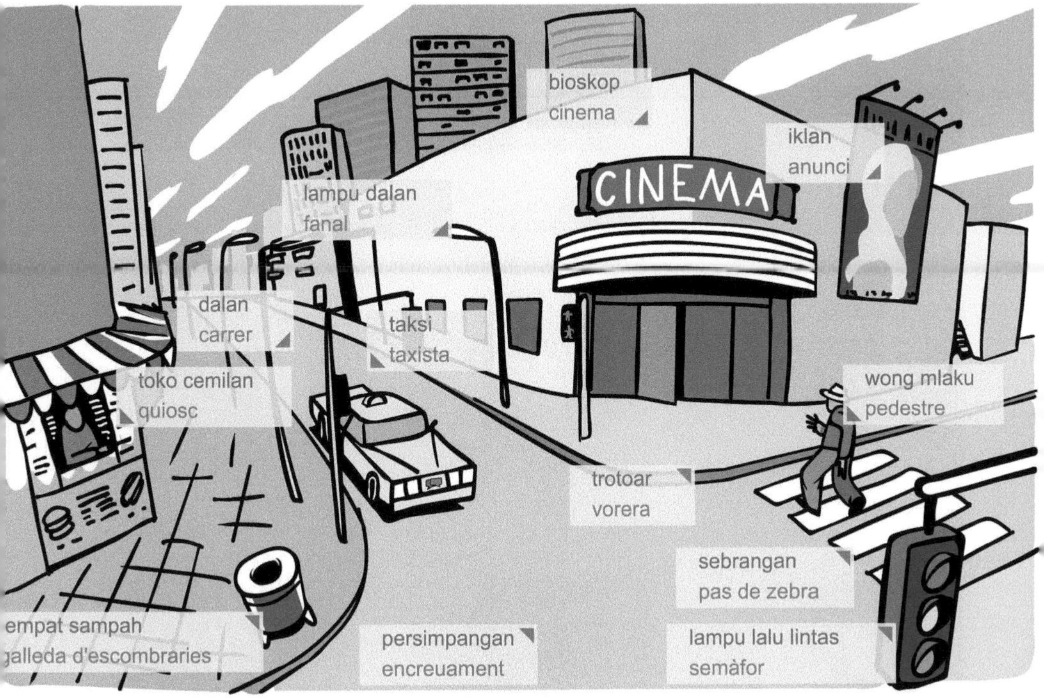

bioskop
cinema

iklan
anunci

lampu dalan
fanal

CINEMA

dalan
carrer

taksi
taxista

wong mlaku
pedestre

toko cemilan
quiosc

trotoar
vorera

sebrangan
pas de zebra

empat sampah
galleda d'escombraries

persimpangan
encreuament

lampu lalu lintas
semàfor

gubuk

cabana

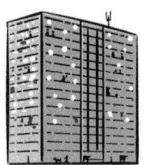

apartemen

apartament

stasiun sepur

estació de trens

bale kutha

casa de la vila-ciutat

museum

museu

sekolahan

escola

universitas

universitat

bank

banca

griya sakit

hospital

hotel

hotel

apotek

farmàcia

kantor

oficina

toko buku

llibreria

toko

botiga

toko kembang

floristeria

supermarket

supermercat

pasar

mercat

toko sarwa ana

gran magatzem

toko iwak

peixateria

mal

centre comercial

pelabuhan

port

taman

parc

bangku

banc

tretek

pont

andha

escala

metro

metro

trowongan

túnel

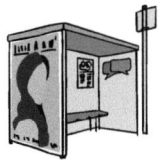

halte bis

parada d'autobús

bar

bar

restoran

restaurant

kotak surat

bústia de correu

pratandha dalan

senyal indicador

meteran parkir

parquímetre

kebon kewan

zoo

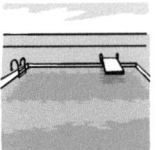

kolam renang

piscina

masjid

mesquita

kutha - ciutat

kebon

granja

polusi

pol·lució

kuburan

cementiri

greja

església

panggon dolanan

parc infantil

candi

temple

lanskap
paisatge

godong
fulla

plang
cartell indicador

dalan
camí

beran
prat

watu
pedra

uwit
arbre

wong munggah
excursionista

kali
riu

suket
gespa

kembang
flor

lembah
vall

bukit
muntanya

tlogo
llac

alas
bosc

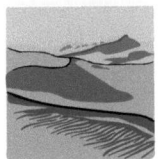

ara-ara
desert

gunung geni
volcà

keraton
castell

kluwung
arc de Sant Martí

jamur
bolet

uwit palem
palmera

lemut
moscard

laler
mosca

semut
formiga

tawon
abella

angga-angga
aranya

kumbang

escarabat

kodok

granota

bajing

esquirol

landhak

eriçó

truwelu

llebre

manuk dares

òliba

manut

ocell

banyak

cigne

celeng

senglar

kidang

cervo

menjangan

ant

bendungan

presa

turbin angin

turbina

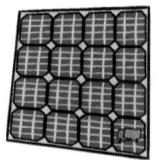

panel srengenge

panell solar

iklim

clima

lanskap - paisatge

laden
cambrer

menu
menú

kursi
cadira

pizza
pizza

sop
sopa

alat mangan
coberts

taplak meja
tovalla

hidangan pambuka

primer plat

menu utama

plat principal

hidangan penutup

darreries

ombenan

begudes

panganan

menjar

gendul

ampolla

panganan instan

menjar ràpid

jajan cemilan

menjar de carrer

ceret teh

tetera

kaleng gula

sucrer

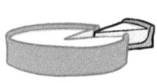

porsi

porció

mesin espresso

màquina d'espresso

kursi duwur

trona

tagihan

factura

baki

plata

lading

ganivet

sendok garpu

forqueta

sendok

cullera

sendok teh

cullereta

serbet

tovalló

gelas

got

piring

plat

piring sop

plat de sopa

lepek

plateret

duduh

salsa

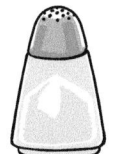

gendul uyah

saler

bubuk mrico

molinet de pebre

cuka

vinagre

lenga

oli

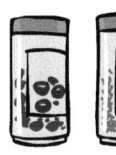

bumbon

espècies

saos tomat

quètxup

mustar

mostassa

mayones

maionesa

supermarket

supermercat

tawaran khusus
oferta especial
FOR
langganan
client
produk saka susu
productes lactis
woh-wohan
fruites
troli
carret de la compra

BUTCHERS

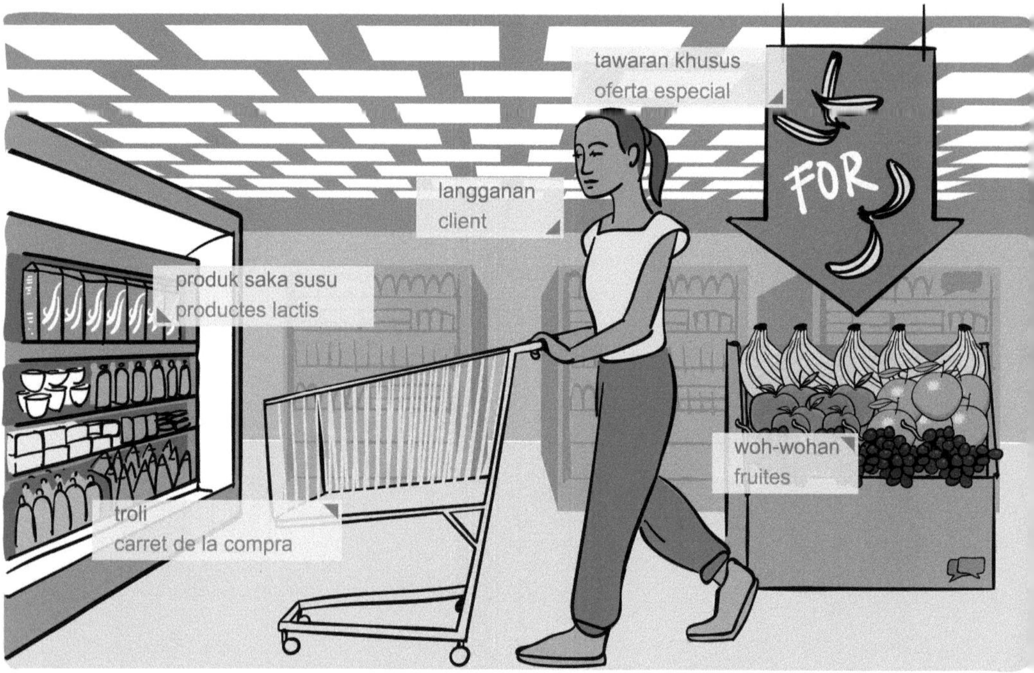

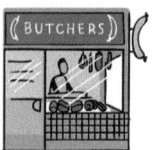

toko daging

carnisseria

BAKERY

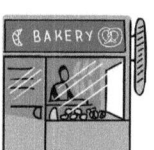

toko roti

forn de pa

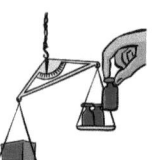

nimbang

pesar

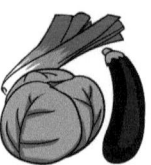

janganan

verdures

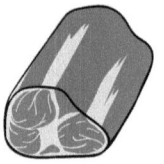

daging panggang

carn

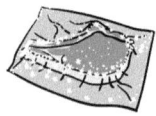

panganan beku

menjar congelat

irisan daging

carn freda

panganan kaleng

conserves

deterjen

detergent en pols

permen

dolços

produk reresik omah

articles domèstics

produk reresik

productes de neteja

bakul

venedora

mesin kasir

caixa registradora

kasir

caixera

daftar blanja

llista de la compra

jam buka

horari d'obertura

dompet

portamonedes

kertu kredit

carta de crèdit

tas

bossa

tas kresek

bossa de plàstic

banyu

aigua

jus

suc

susu

llet

ombenan kanthi karbon

coca-cola

anggur

vi

bir

cervesa

alkohol

alcohol

coklat

cacau

teh

te

kopi

cafè

espresso

espresso

cappuccino

cappuccino

gedhang

banana

apel

poma

jeruk

taronja

semangka

síndria

jeruk lemon

llimona

wortel

pastanaga

bawang

all

pring

bambú

bawang

ceba

jamur

bolet

kacang

avellanes

bakmi

fideus

spageti

espaguetis

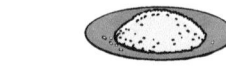

sego

arròs

salad

amanida

kentang goreng

patates fregides

kentang goreng

patates fregides

pizza

pizza

hamburger

hamburguesa

roti isi

entrepà

daging irisan

escalopa

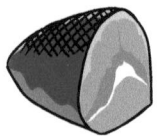

daging ham

cuixot

salami

salami

sosis

salsitxa

pitik

pollastre

daging panggang

rostit

iwak

peix

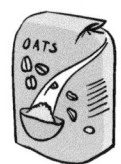

bubur gandum

flocs de civada

muesli

musli

sereal jagung

cereals

glepung

farina

croissant

croissant

roti

panet

roti

pa

roti panggang

torrada

biskuit

bescuits

mertega

mantega

dadih

mató

kue

pastís

endog

ou

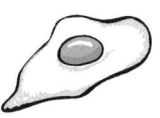

endog goreng

ou fregit

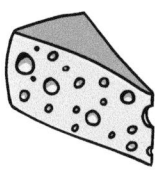

keju

formatge

es krim

gelat

gula

sucre

madu

mel

sele

melmelada

krim nugat

crema de xocolata

kare

curri

kebon

granja

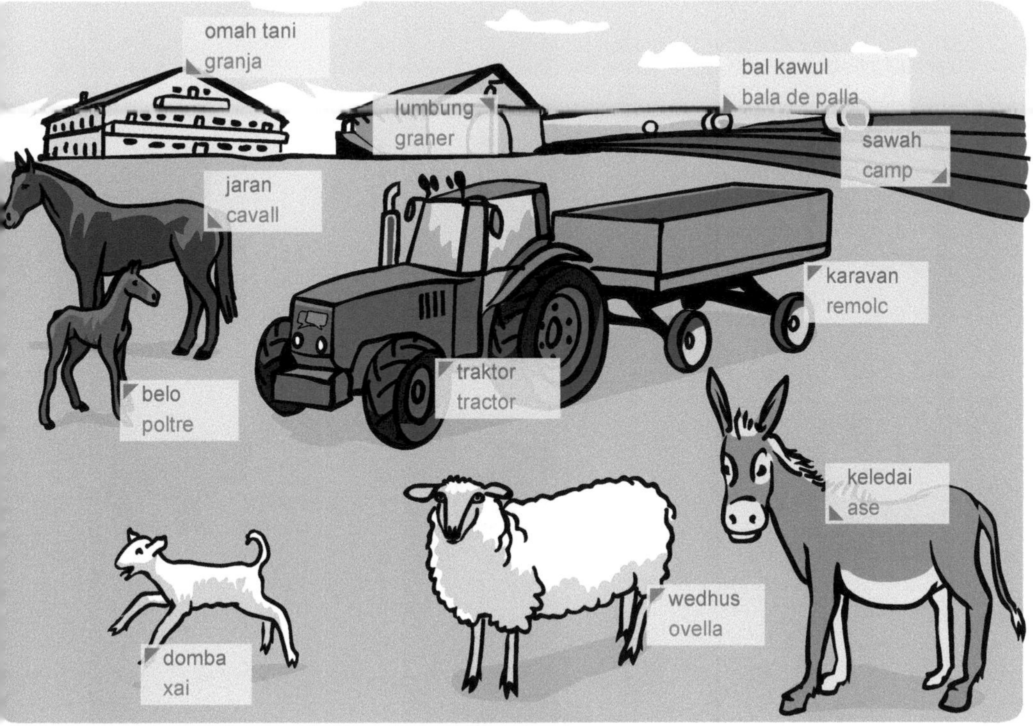

omah tani
granja
lumbung
graner
bal kawul
bala de palla
sawah
camp
jaran
cavall
karavan
remolc
traktor
tractor
belo
poltre
keledai
ase
wedhus
ovella
domba
xai

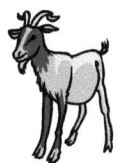

wedhus

cabra

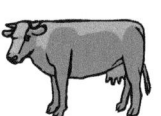

sapi

vaca

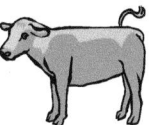

pedhet

vedella

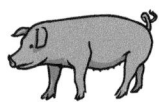

babi

porc

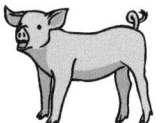

gambluk

garrí

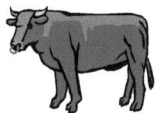

kebo

bou

banyak
oca

bebek
ànec

kuthuk
poll

babon
gall

jago
gallina

tikus
rata

kucing
gat

tikus
ratolí

sapi
bou

asu
gos

kandang asu
gossera

selang
mànega de regar

gembor
regadora

arit gede
dalla

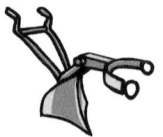

waluku
arada

arit gede
falç

pacul
aixada

garu
forca

kapak
destral

grobak surung
carretó

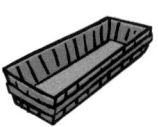

wadah pakan
abeurador

kaleng susu
lletera

karung
sac

pager
tanca

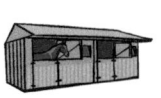

kandang
establa

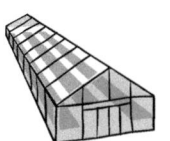

omah kaca
hivernacle

lemah
sòl

wiji
llavor

rabuk
adob

traktor panen
collidora

manen

collir

panen

collita

ubi

nyam

gandum

blat

kedelai

soja

kentang

patata

jagung

blat de moro o d'indi

lobak

colza

wit woh-wohan

arbre fruiter

telo

mandioca

sereal

cereals

omah

casa

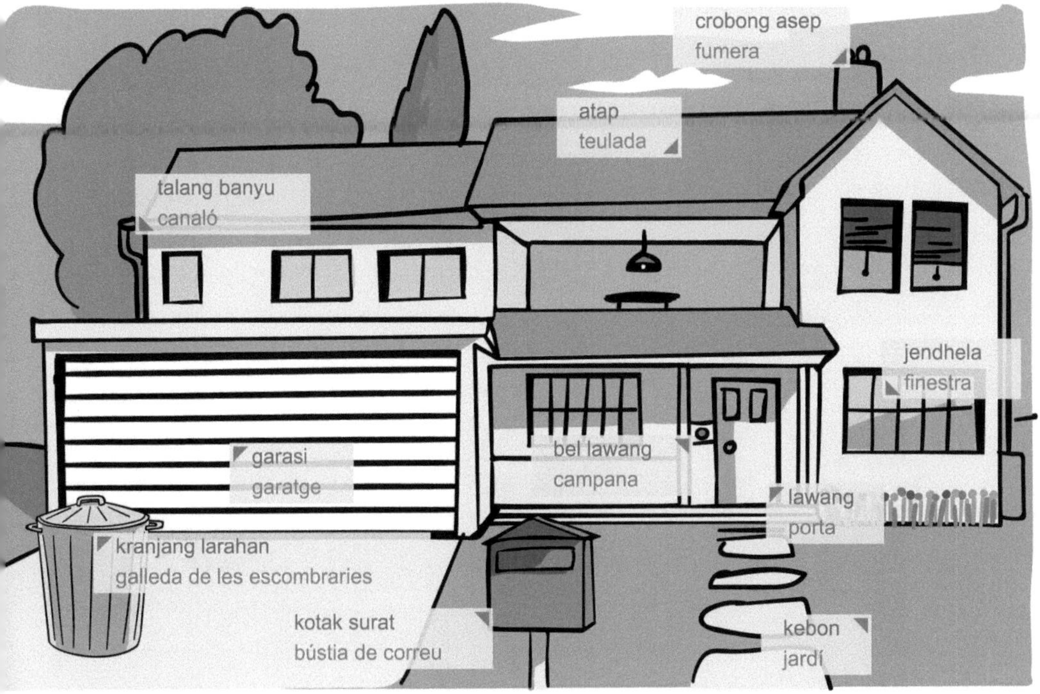

crobong asep
fumera
atap
teulada
talang banyu
canaló
jendhela
finestra
garasi
garatge
bel lawang
campana
lawang
porta
kranjang larahan
galleda de les escombraries
kotak surat
bústia de correu
kebon
jardí

ruang tamu

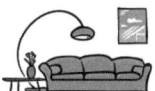

sala d'estar

jedhing

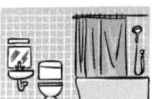

bany

pawon

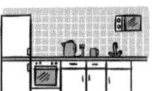

cuina

kamar turu

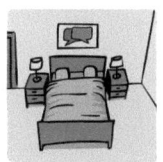

cambra de dormir

kamar anak

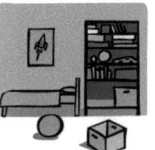

cambra de nen

kamar panedhaan

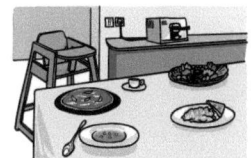

menjador

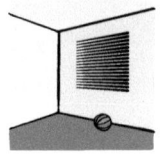

jobin
sòl

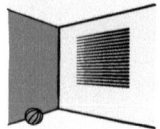

tembok
paret

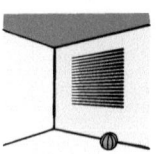

pyan
sostre

gudhang ing njero lemah
soterrani

sauna
sauna

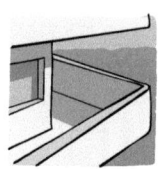

balkon
balcó

teras
terrassa

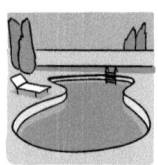

blumbang kanggo nglangi
piscina

mesin kanggo motong suket
tallagespa

lembaran
vànova

sprei
cobrellit

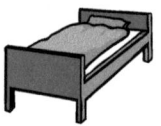

dipan
llit

sapu
escombra

ember
galleda

tombol
interruptor

ruang tamu
sala d'estar

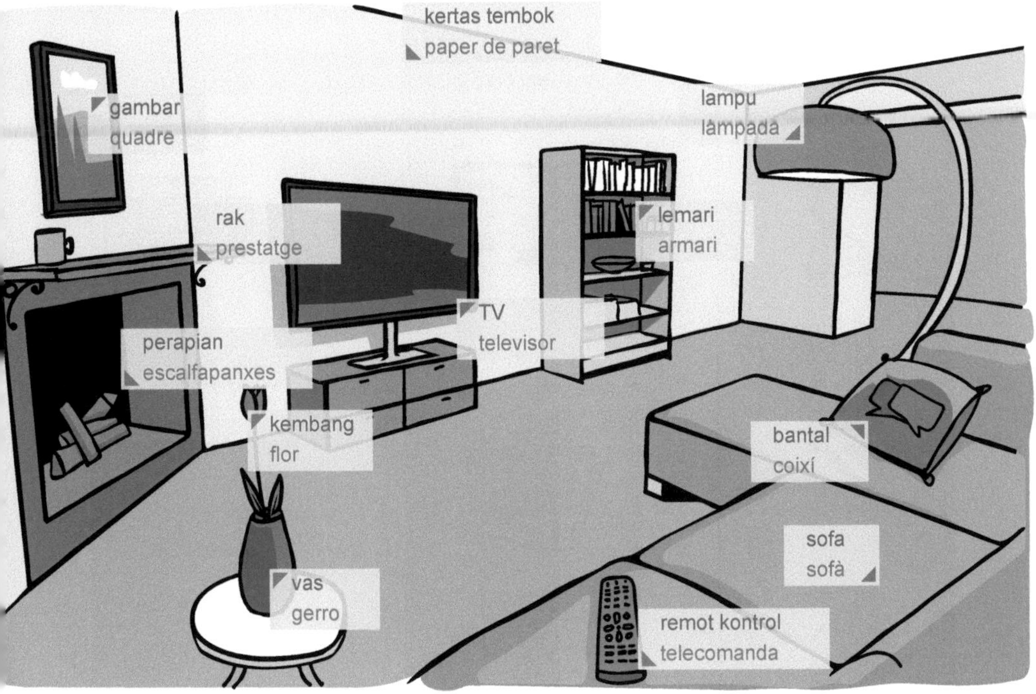
kertas tembok
paper de paret
gambar
quadre
lampu
lampada
rak
prestatge
lemari
armari
TV
televisor
perapian
escalfapanxes
kembang
flor
bantal
coixí
sofa
sofà
vas
gerro
remot kontrol
telecomanda

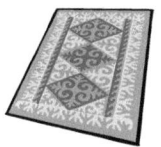

karpet

catifa

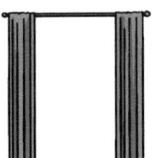

korden

cortina

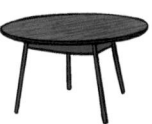

meja

taula

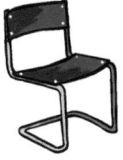

kursi

cadira

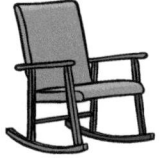

kursi goyang

cadira gronxadora

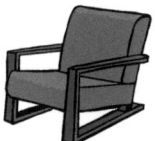

kursi tangan

cadiral

buku

llibre

selimut

llençol

dekorasi

decoració

kayu bakar

llenya

film

film

hi-fi

cadena de música

kunci

clau

koran

diari

lukisan

pintura

poster

cartell

radio

ràdio

buku catetan

bloc de notes

penyedot lebut

aspiradora

kaktus

cactus

lilin

candela

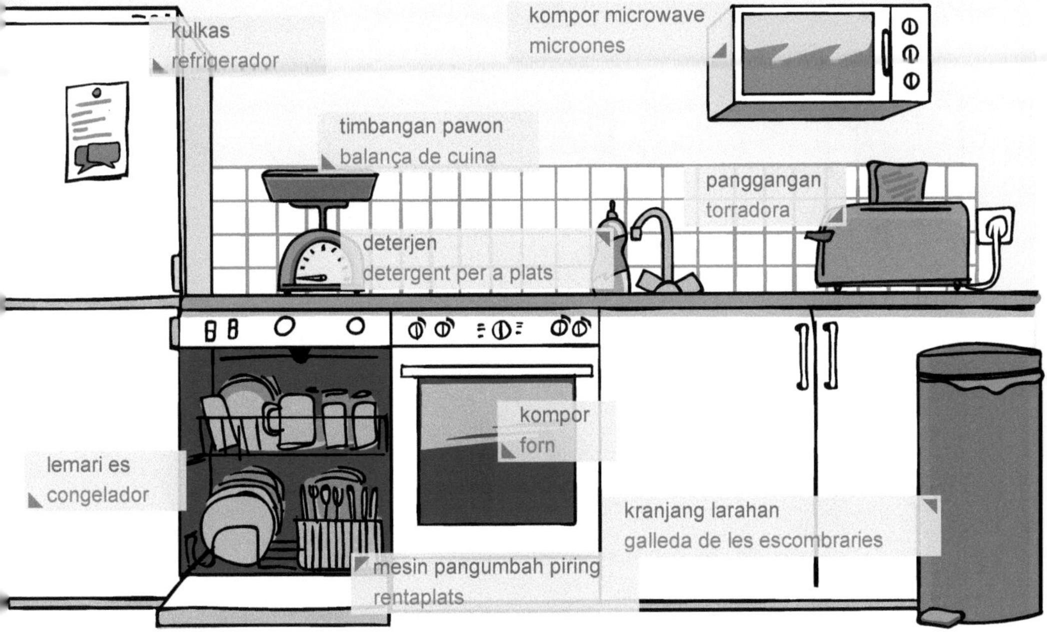

kulkas
refrigerador

kompor microwave
microones

timbangan pawon
balança de cuina

panggangan
torradora

deterjen
detergent per a plats

kompor
forn

lemari es
congelador

kranjang larahan
galleda de les escombraries

mesin pangumbah piring
rentaplats

kompor
cuina de fogons

panci
olla

panci wesi
olla de ferro colat

wajan
wok / karahi

wajan
paella

ceret
bullidor

kukusan

olla de vapor

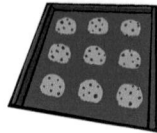

loyang

plata de forn

pecah belah

vaixella

mug

tassa grossa

mangkok

bol

sumpit

bastonets xinesos

irus

culler

solet

espàtula

udeg

batedor

ayakan

colador

saringan

sedàs

parutan

ratllador

lumpang

morter

panggangan

barbacoa

geni

foc a terra

telenan

taula de tallar

gilingan adonan

corró

kotrek

llevataps

kaleng

pot de conserva

bukaan kaleng

obridor

cempal

agafador

wastafel

aigüera

sikat

raspall

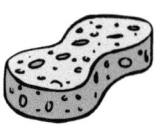

sepon

esponja

blender

batedora

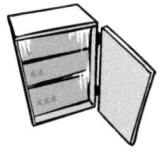

kulkas

congelador

gendul bayi

biberó

kran

aixeta

jedhing

bany

pancuran
dutxa
alat manasi
calefacció
andhuk
tovallola
klambu jedhing
cortina de dutxa
adhus unthuk
bany de bombolles
bak adhus
banyera
gelas
got
mesin ngumbah
rentadora
kran
aixeta
tekel
rajoles
pispot
orinal
wastafel
aigüera

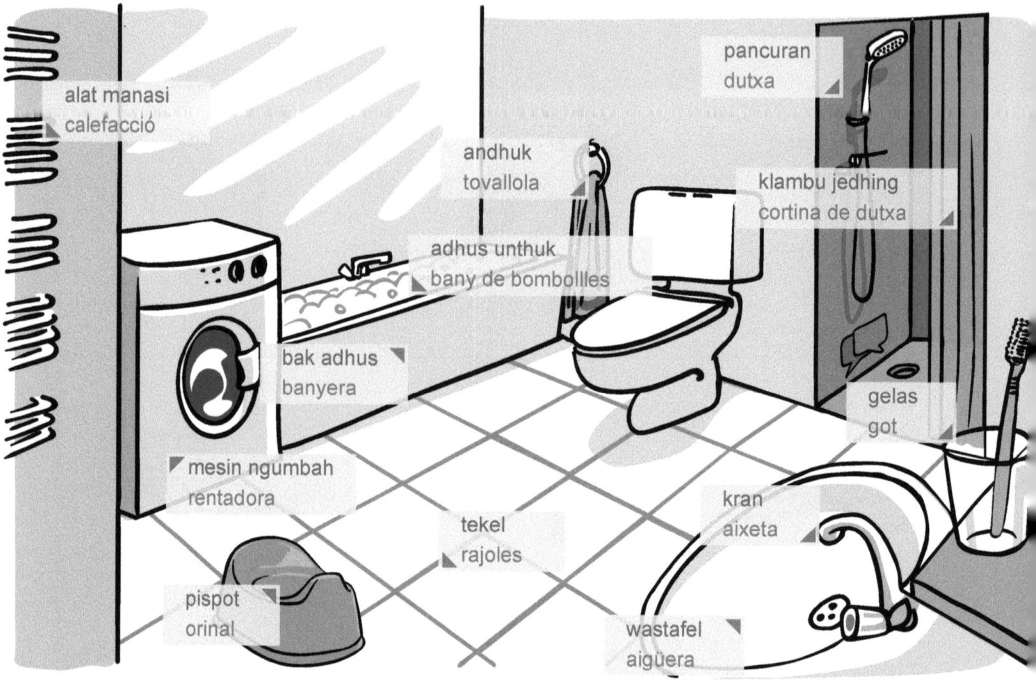

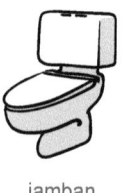

jamban

lavabo

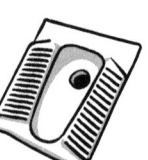

jamban dhodhok

lavabo turc

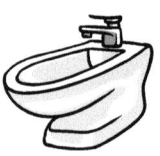

bidet

bidet

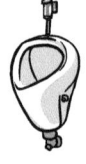

pissoir

orinador

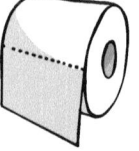

tisu jamban

paper higiènic

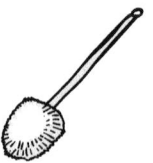

sikat jamban

escombreta de sanitari

sikat untu

raspall de dents

odol

pasta de dents

bolah untu

fil dental

ngumbahi

rentar

gagang shower

pom de dutxa

pancuran

dutxa íntima

baskom

rentamans

sikat geger

raspall per a l'esquena

sabun

sabó

gel pancuran

gel de dutxa

sampo

xampú

hem

manyopla de bany

nguras

bonera

krim

crema

deodoran

desodorant

pangilon

mirall

koco tangan

mirall-espill de mà

silet

maquineta de rasar

umpluk cukur

espuma de barbejar

aftershave

loció post-rasada

jungkat

pinta

sikat untu

raspall

hairdryer

eixugador

hairspray

laca

dandanan

maquillatge

gincu

pintallavis

kuteks

esmalt d'ungles

kapas

cotó

gunting kuku

tallaungles

parfum

perfum

kantong adhus

estoig de bellesa

dingklik

tamboret

timbangan

bàscula

jubah kanggo sawise adhus

barnús

sarung karet

guants de goma

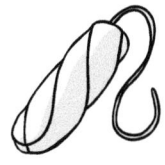

tampon

compresa higiènica

pembalut

compresa

jamban nganggo bahan
kimia

sanitari químic

kamar anak

cambra de nen

alarm jam
despertador
dolanan empuk
animal de peluix
mobil-mobilan
auto de joguina
kumretek
sonall
omah boneka
casa de nines
hadiah
present

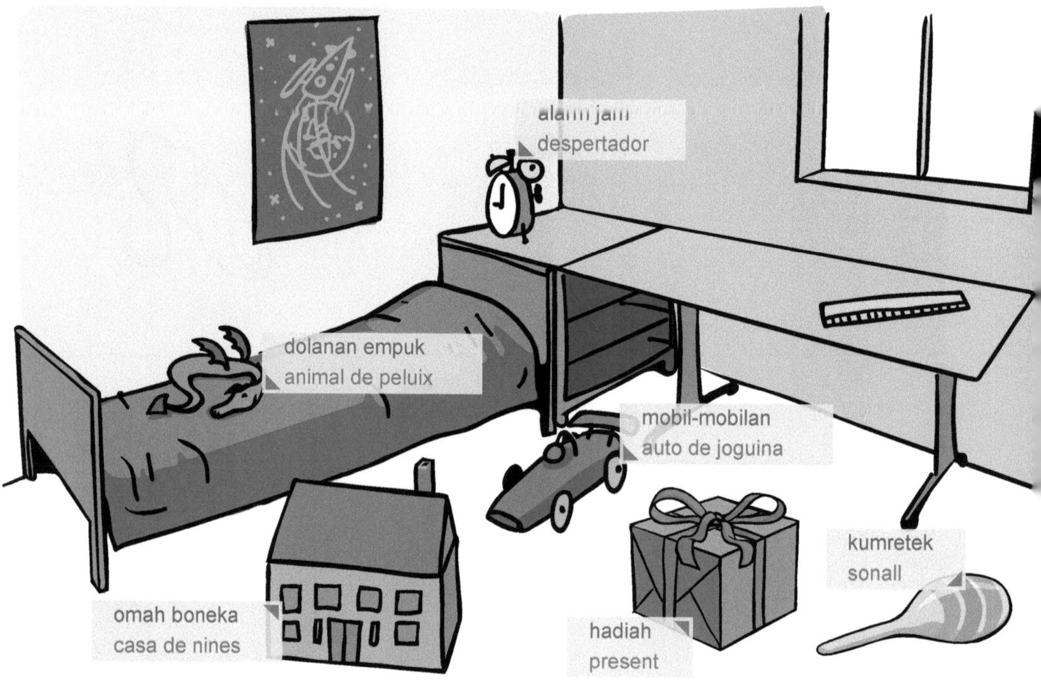

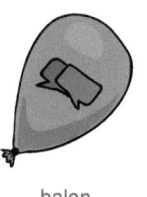

balon
baló

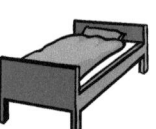

dipan
llit

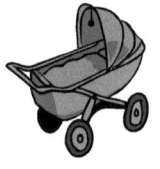

kreto bayi
cotxet per a nens

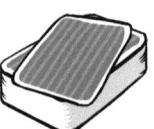

meja kertu
joc de cartes

teka-teki
trencaclosca

SUPER
MEGA

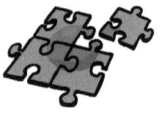

komik
historieta

bata lego
peces de lego

balok dolanan
peces de construcció

boneka aksi
ninot d'acció

klambi bayi
granota

frisbee
frisbee

dolanan gantungan
mòbil per a bressol

dolanan meja
joc de taula

dadu
daus

sepur dolanan
tren elèctric

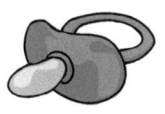

dot
xumet

pesta
festa

buku gambar
llibre de dibuixos

bal
pilota

boneka
nina

dolanan
jugar

panggon dolanan pasir

sorrera

ayunan

gronxador

dolanan

joguines

konsol video game

consola de jocs de vídeo

sepeda roda telu

tricicle

beruang teddy

osset de peluix

lemari sandhangan

armari

klambi
roba

kaos kaki

mitjons

stoking

mitges

kathok singset

mitja pantaló

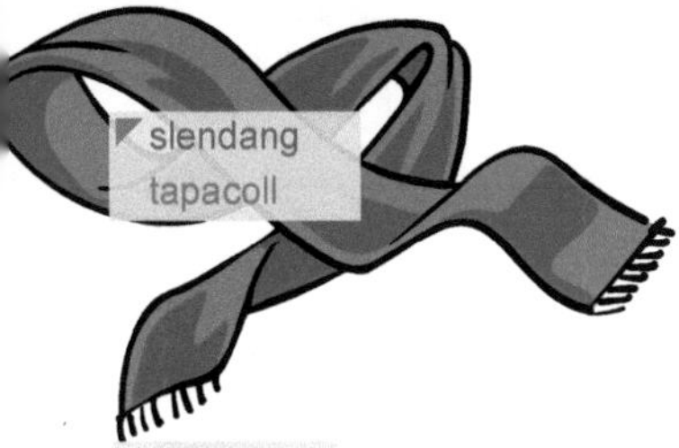

slendang
tapacoll

payung
paraigua

kaos oblong
camiseta

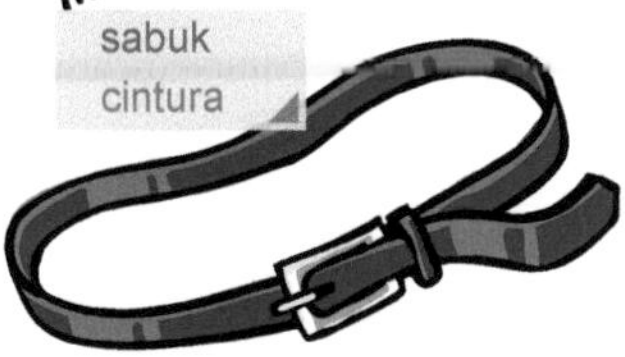

sabuk
cintura

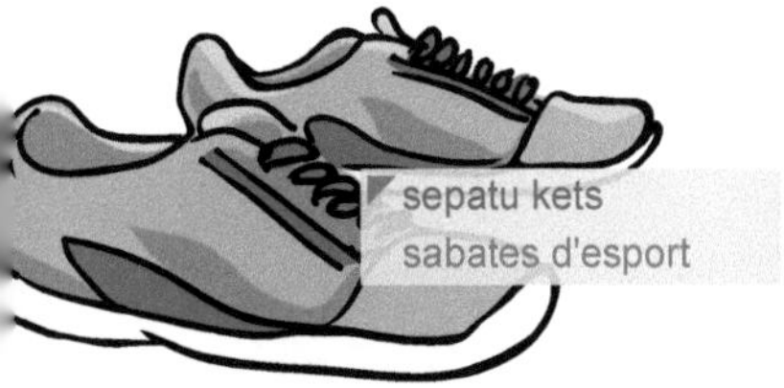

sepatu bot
botes

slop
plantofes

sepatu kets
sabates d'esport

sandal

sandàlies

sepatu

sabates

sepatu bot karet

botes de goma

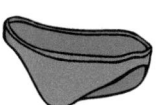

sempak

calçonets

kutang

sostenidor

rompi

guardapits

klambi - roba

awak

jjustacòs

kathok

pantalons

kathok jins

jeans

rok

faldeta

blus

brusa

klambi

camisa

jaket nganggo kudung

jersei

sweter

dessuadora

blezer

blazer

jaket

jaqueta

mantel

mantell

jas udan

impermeable

kostum

vestit de dona

gaun

vestit de dona

gaun manten

vestit de núvia

setelan

vestit d'home

klambi kanggo turu

camisa de dormir

piyama

pijama

kain sari

sari

kudung

mocador de cap

serban

turbant

cadar

burca

kaftan

caftan

abaya

abaia

klambi kanggo nglangi

vestit de bany

kathok renang

calçon(et)s de bany

kathok cekak

pantalons curts

klambi trening

xandall

celemek

davantal

sarung tangan

guants

benik

botó

kacamata

ulleres

gelang

braçalet

kalung

collaret

ali-ali

anell

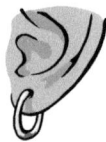

anting-anting

orellera

peci

casquet

gantungan mantel

penjador

topi

capell

dasi

corbata

slerekan

cremallera

helem

casc

bretel

elàstics

sragam sekolah

uniforme escolar

sragam

uniforme

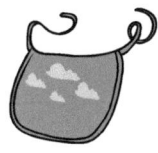

oto
pitet

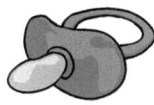

dot
xumet

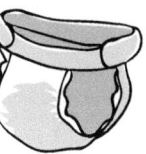

popok
bolquer

kantor
oficina

server
servidor
lemari arsip
armari arxivador
printer
impressora
dluwang
paper
monitor
monitor
mouse
ratolí
meja
escriptori
folder
arxivador
papan tombol
teclat
kranjang larahan
paperera
komputer
ordinador
kursi
cadira

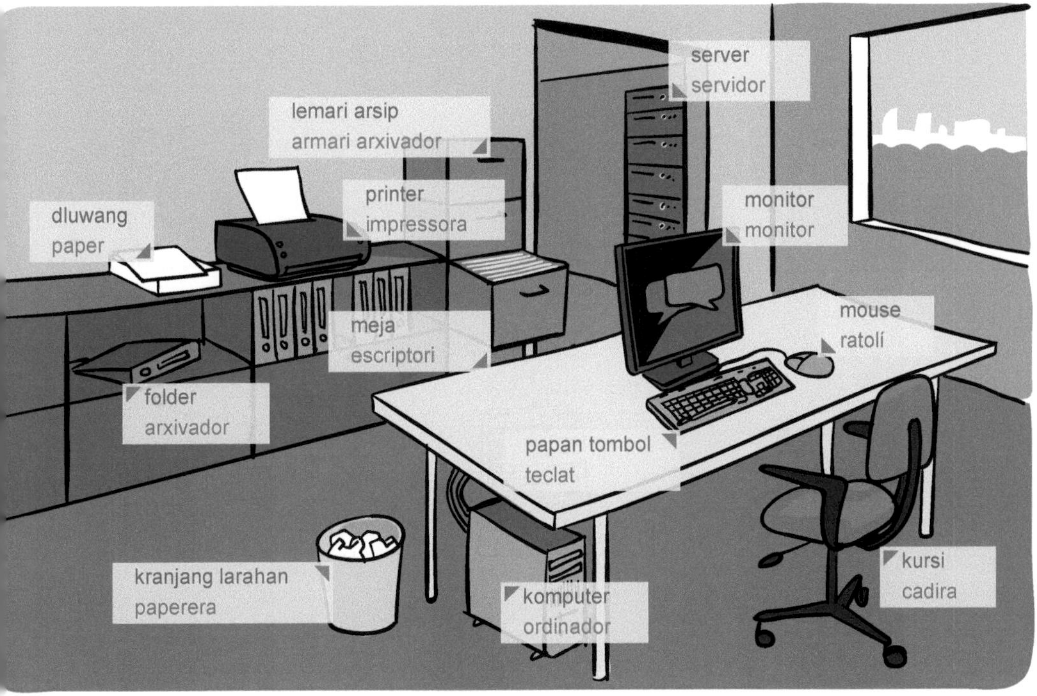

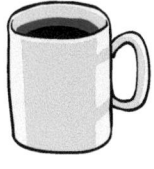

cangkir kopi
tassa de cafè

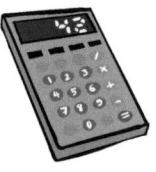

kalkulator
calculadora

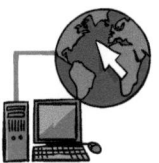

internet
Internet

laptop

ordinador portàtil

surat

lletra

pesen

missatge

HP

mòbil

jaringan

xarxa

mesin fotokopi

fotocopiadora

software

programari

telpon

telèfon

colokan

presa de corrent

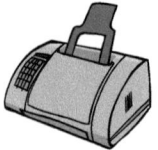

mesin faksimili

fax

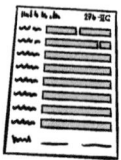

blangko

formulari

dokumen

document

tuku

comprar

mbayar

pagar

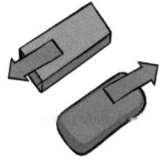

bebakulan

comerciar

duit

diners

dolar

dòlar

euro

euro

yen

ien

rubel

ruble

franc Swiss

franc suís

yuan renminbi

renminbi

rupe

rupia

cash point

caixa automàtica

kantor pertukaran duit
mancanegara

oficina de canvi

emas

or

perak

argent

minyak

petroli

energi

energia

rego

preu

kontrak

contracte

pajek

impost

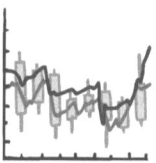

saham

acció

kerjo

treballar

pegawe

treballador

juragan

empresari

pabrik

fàbrica

toko

botiga

ekonomi - economia

gawean
oficis

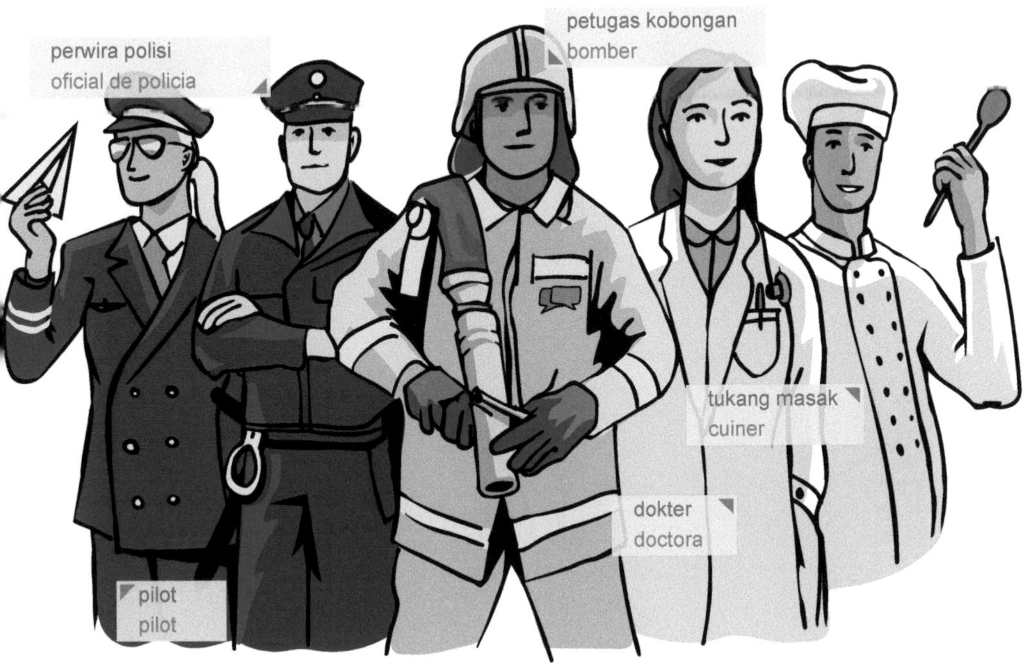
petugas kobongan
bomber
perwira polisi
oficial de policia
tukang masak
cuiner
dokter
doctora
pilot
pilot

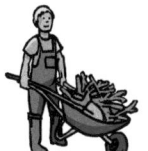

tukang kebon
jardiner

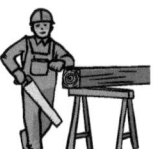

tukang kayu
fuster

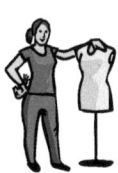

tukang jahit
costurera

hakim
jutge

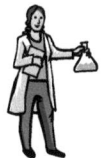

ahli kimia
química

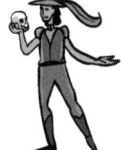

aktor
actor

sopir bis

conductor d'autobús

sopir taksi

taxista

nelayan

pescador

tukang reresik

dona de la neteja

tukang pasang gendheng

ensostrador

laden

cambrer

pamburu

caçador

pelukis

pintor

tukang roti

forner

tukang listrik

electricista

tukang mbangun

obrer de la construcció

insinyur

enginyer

jagal

carnisser

tukang ledeng

llanterner

tukang pos

correu

tentara

soldat

arsitek

arquitecte

kasir

caixera

bakul kembang

florista

juru rambut

perruquer

kondektur

revisor

mekanik

mecànic

kapten

capità

dokter untu

dentista

ilmuwan

científic

rabbi

rabí

imam

imam

biksu

monjo

pandhita

capellà

alat

eines

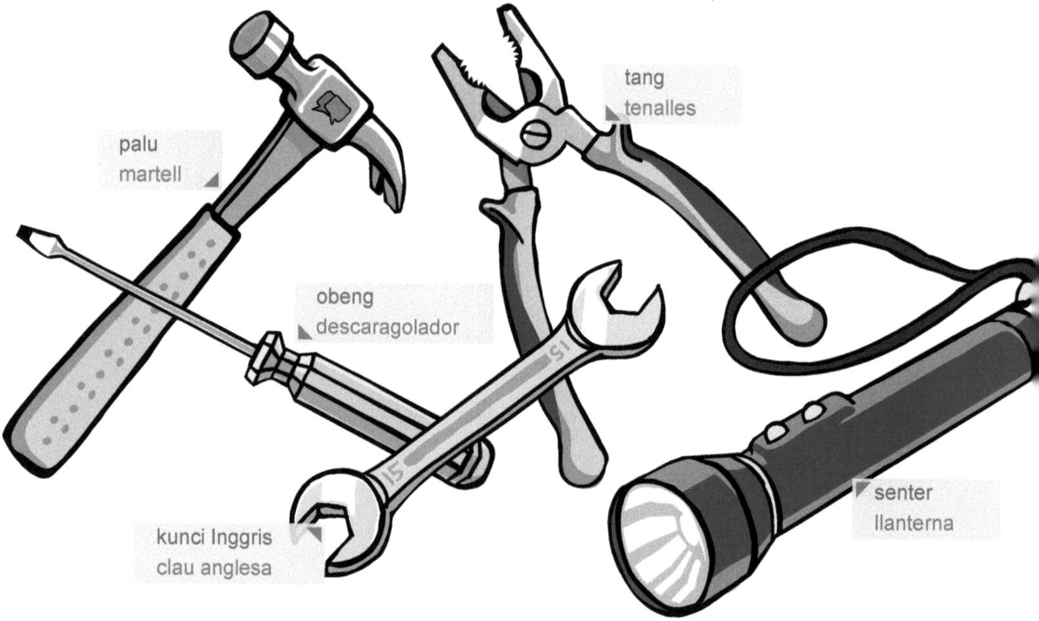

palu
martell
tang
tenalles
obeng
descaragolador
kunci Inggris
clau anglesa
senter
llanterna

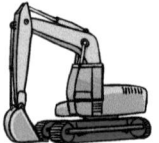

mesin kerukan

excavadora

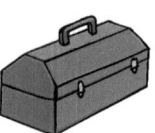

wadah perkakas

caixa d'eines

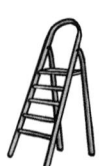

andha

escala

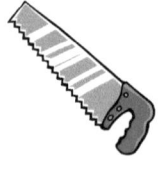

graji

serra

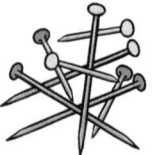

paku

claus

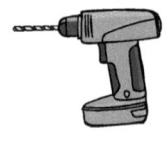

bur

trepant

ndandani

reparar

sekop

pala

Bajigur!

Maleït siga!

serok

pala

kaleng cat

pot de pintura

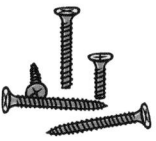

sekrup

caragols

alat musik

instrument de música

speker
altaveu

sak set tambur
bateria

gitar
guitarra

bass dobel
contrabaix

trompet
trompeta

piano
piano

biola
violí

bass
baix

timpani
timbal

tambur
tambor

keyboard
teclat

saksofon
saxofon

suling
flauta

mikropon
micròfon

kebon kewan

zoo

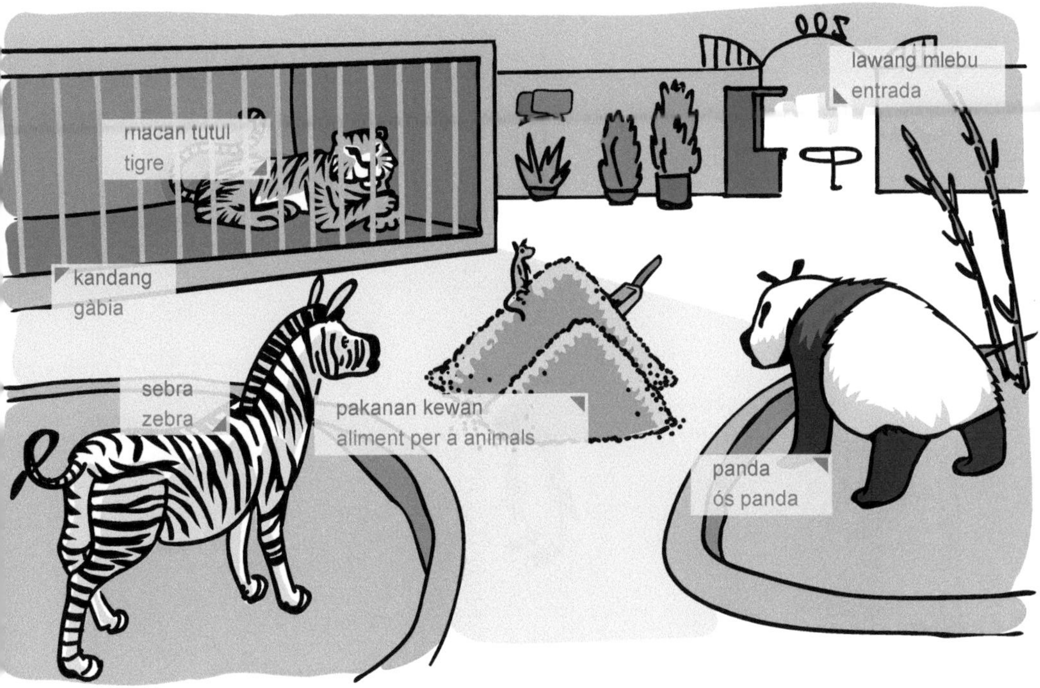

lawang mlebu
entrada
macan tutul
tigre
kandang
gàbia
sebra
zebra
pakanan kewan
aliment per a animals
panda
ós panda

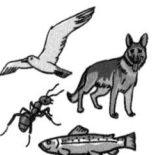

kewan

animals

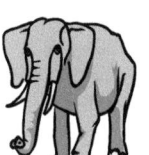

gajah

elefant

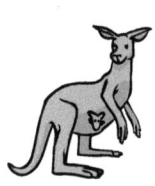

kanguru

cangurú

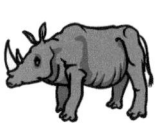

badak

rinoceront

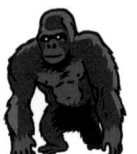

gorila

goril·la

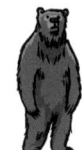

beruang

ós

unta

camell

manuk unta

estruç

singa

lleó

kethek

simi

flamingo

flamenc

bethet

papagai

beruang kutub

ós polar

pinguin

pingüí

hiu

ca mari

merak

paó

ula

serp

baya

cocodril

juru kunci kebon kewan

guardià del zoo

singa segara

foca

jaguar

jaguar

jaran poni

poni

macan tutul

lleopard

kuda nil

hipopòtam

jrapah

girafa

garudha

àliga

celeng

senglar

iwak

peix

bulus

tortuga

walrus

morsa

rubah

guineu

kidang

gasela

bal-balan Amerika
futbol americà

sepedahan
ciclisme

tenis
tenis

basket
bàsquet

nglangi
natació

tinju
boxa

hoki es
hoquei sobre gel

bal-balan	badminton	atletik
futbol americà	bàdminton	atletisme
bal tangan	ski	polo
handbol	esquí	polo

mencolot
saltar

ngguyu
riure

ngrangkul
abraçar

mlaku
anar

nembang
cantar

ngimpi
somiar

ndonga
pregar

ngambung
fer un petó

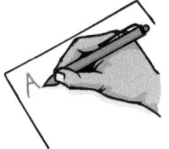

nulis

escriure

nggambar

dibuixar

nuduhake

mostrar

mencet

pitjar

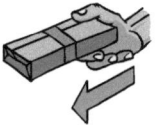

menehi

donar

njupuk

prendre

duweni

tenir

nindakake

fer

yaiku

ésser

ngadek

estar dret

mlayu

córrer

narik

estirar

nguncalake

llançar

tiba

caure

ngapusi

jeure

ngenteni

esperar

nggawa

portar

lungguh

asseure's

klamben

vestir-se

turu

dormir

tangi

despertar-se

ndheleng

mirar

nangis

plorar

ngelus

amoixar

njungkati

pentinar

ngomong

parlar

mangerteni

comprendre

takon

demanar

ngrungoake

escoltar

ngombe

beure

mangan

menjar

ngrapiake

endreçar

nrisnani

estimar

masak

cuinar

nyopir

conduir

mabur

volar

nglayar

navegar

itung

calcular

maca

llegir

sinau

aprendre

kerjo

treballar

ngrabi

casar-se

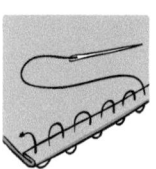

njahit

cosir

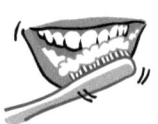

nyikat untu

raspallar-se les dents

mateni

matar

ngrokok

fumar

ngirim

enviar

mbah putri
àvia

mbah kakung
avi

bapak
pare

ibu
mare

bayi
nadó

anak wedok
filla

anak lanang
fill

tamu

convidat

bu lik

tia

pak lik

oncle

dulur lanang

germà

dulur wadon

germana

awak

cos

bathuk
front
mripat
ull
pundhak
espatlla
driji
dit
pasuryan
cara
janggut
barbeta
tangan
mà
sikil
cama
payudara
pit
lengen
braç

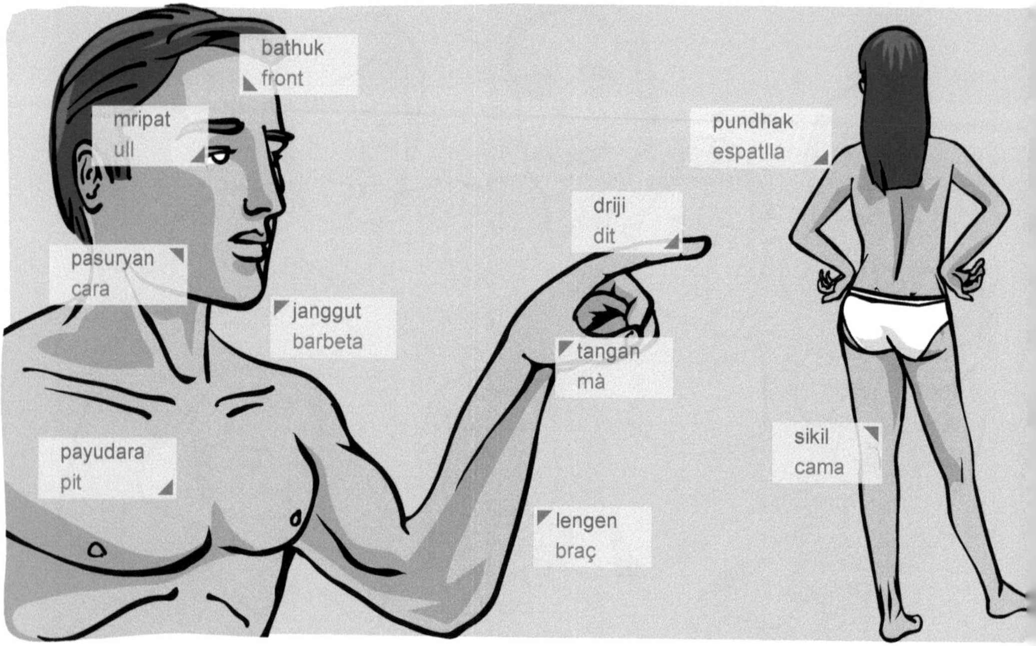

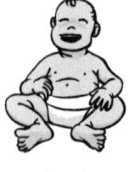

bayi

nadó

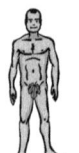

lanang

home

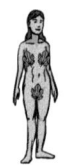

wadon

dona

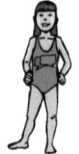

bocah wadon

noia

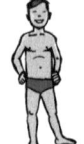

bocah lanang

noi

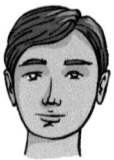

sirah

cap

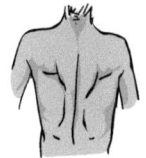

geger

esquena

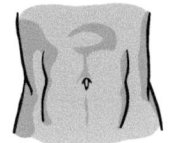

weteng

panxa

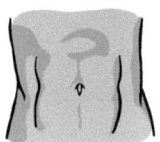

puser

melic

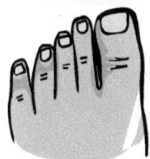

driji sikil

dit gros del peu

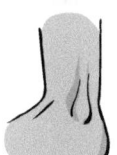

tungkak

taló

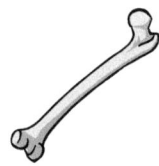

balung

os

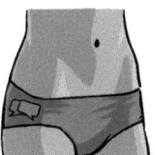

panggul

maluc

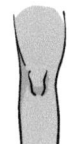

dengkul

genoll

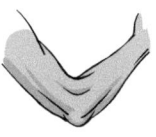

sikut

colze

irung

nas

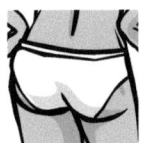

bokong

cul

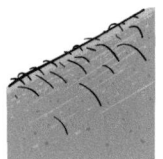

kulit

pell

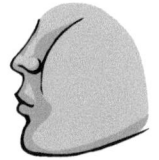

pipi

galta

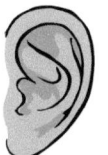

kuping

orella

lambe

llavi

lisan

boca

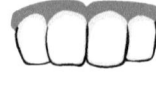

untu

dent

ilat

llengua

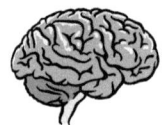

uteg

cervell

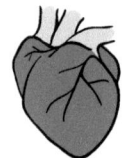

jantung

cor

otot

múscul

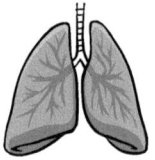

paru

pulmó

ati

fetge

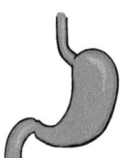

garba

estómac

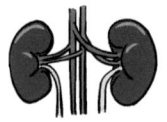

ginjel

ronyó

sanggama

relació sexual

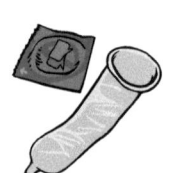

kondom

preservatiu

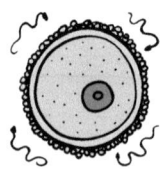

ovum

ovari

mani

semen

mbobot

prenyat

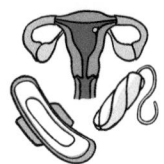

haid
menstruació

vagina
vagina

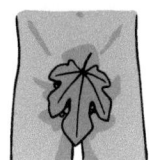

zakar
penis

alis
cella

rambut
cabells

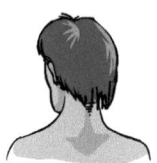

gulu
coll

griya sakit
hospital

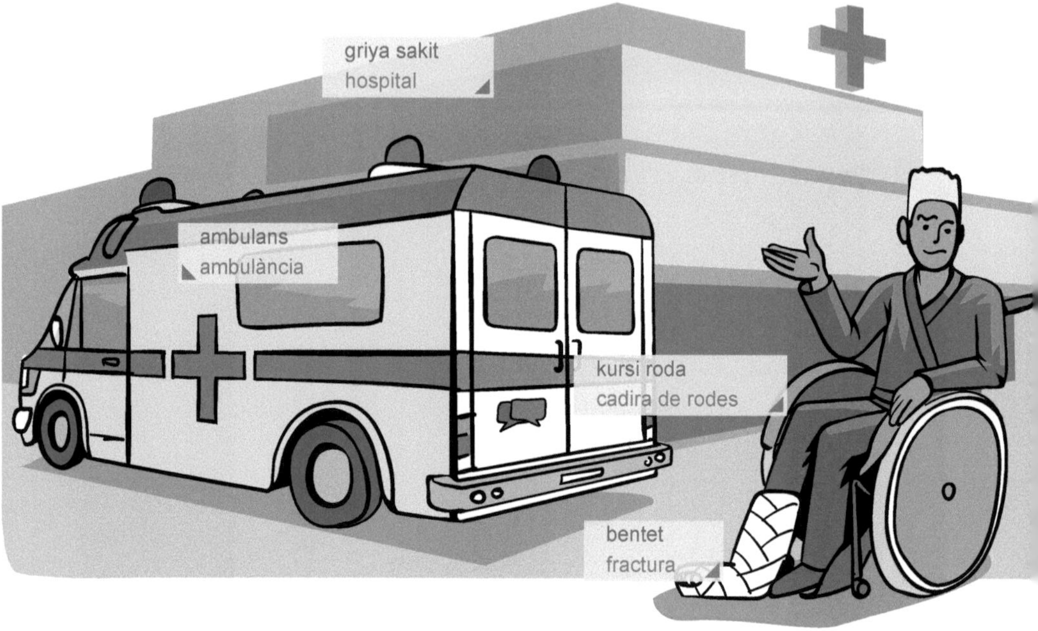

griya sakit
hospital
ambulans
ambulància
kursi roda
cadira de rodes
bentet
fractura

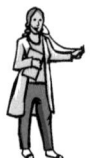

dokter
doctora

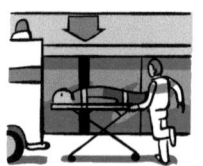

kamar gawat darurat
sala d'urgències

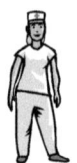

perawat
infermera

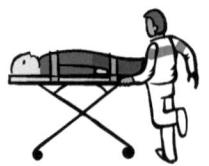

dharurat
urgència

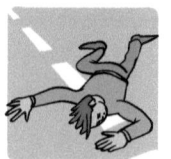

ora sadar
inconscient

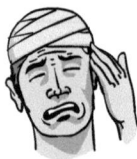

linu
dolor

tatu

ferida

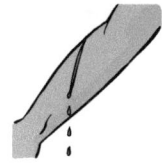

getihen

sagnament

serangan jantung

atac de cor

setruk

apoplexia

alergi

al·lèrgia

watuk

tos

ngelu

febre

pilek

gripa

diare

diarrea

mumet

mal de cap

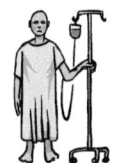

kanker

càncer

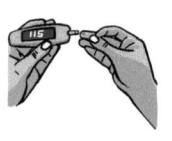

diabetes

diabetis

ahli bedah

cirurgià

lading bedah

escalpel

operasi

operació

CT
....
tomografia computada (TC),
TAC

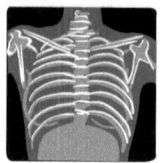

sinar x
....
raigs x

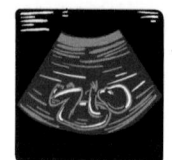

USG
....
ultrasò

masker
....
mascareta

penyakit
....
malaltia

kamar nunggu
....
sala d'espera

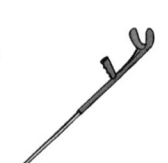

pitulung
....
crossa

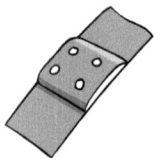

perban
....
tireta

perban
....
embenat

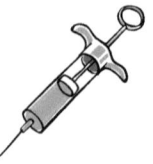

suntik
....
injecció

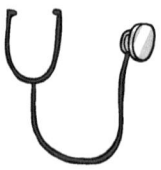

stetoskop
....
estetoscopi

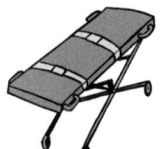

tandu
....
llitera

termometer klinik
....
termòmetre clínic

lair
....
pariment

kalemon
....
sobrepès

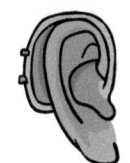

alat bantu dengar

aparell auditiu

disinfektan

desinfectant

infeksi

infecció

virus

virus

HIV/AIDS

VIH / SIDA

obat

medicina

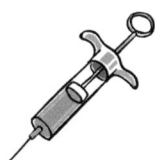

vaksinasi

vaccí

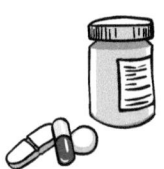

tablet

comprimits

pil

píl·lola

nomer telpon darurat

trucada d'urgència

ngukur tensi getih

tensiòmetre

lara / waras

malalt / sà

Tulung!

Socors!

alarem

alarma

sergap

assalt

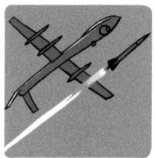

serangan

atac

bebaya

perill

lawang metu dharurat

sortida-eixida d'urgència

Kobongan!

Foc!

alat mateni geni

extintor

kacilakan

accident

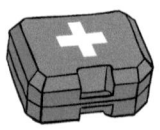

pitulungan wiwitan

farmaciola de primers auxilis

SOS

SOS

polisi

policia

Eropa

Europa

Amerika Lor

Amèrica del Nord

Amerika Kidul

Amèrica del Sud

Afrika

Àfrica

Asia

Àsia

Australia

Austràlia

Atlantik

Atlàntic

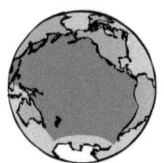

Pasifik

Pacífic

Samudra Hindia

Oceà Índic

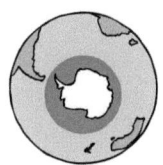

Samudra Antartika

Oceà Antàrtic

Samudra Arktik

Oceà Àrtic

Kutub Lor

pol nord

Kutup Kidul

pol sud

Antarktika

Antàrtida

bumi

terra

daratan

país

segara

mar

pulau

illa

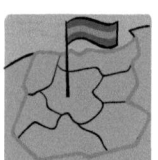

bangsa

nació

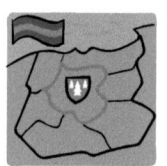

negara

estat

layar jam

quadrant

dom jam

agulla de les hores

dom menit

agulla dels minuts

dom detik

agulla dels segons

Jam piro saiki?

Quina hora és?

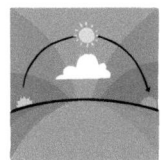

dina

dia

wektu

temps

saiki

ara

jam digital

rellotge digital

menit

minut

jam

hora

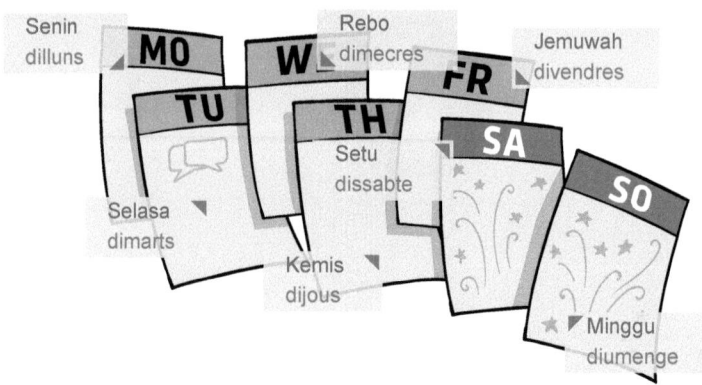

Senin dilluns MO

Rebo dimecres W

Jemuwah divendres FR

TU

TH Setu dissabte

SA

SO

Selasa dimarts

Kemis dijous

Minggu diumenge

wingi
ahir

saiki
avui

sesuk
demà

esuk
matí

awan
migdia

bengi
tarda

MO	TU	WE	TH	FR	SA	SU
1	2	3	4	5	6	7
8	9	10	11	12	13	14
15	16	17	18	19	20	21
22	23	24	25	26	27	28
29	30	31	1	2	3	4

dina kerja
dia feiner

MO	TU	WE	TH	FR	SA	SU
1	2	3	4	5	6	7
8	9	10	11	12	13	14
15	16	17	18	19	20	21
22	23	24	25	26	27	28
29	30	31	1	2	3	4

akhir minggu
cap de setmana

tahun

any

udan es
pluja
kluwung
arc de Sant Martí
salju
neu
angin
vent
musim semi
primavera
mangsa gugur
tardor
musim ketigo
estiu
mangsa adem
hivern

4.APRIL 11°
5.APRIL 4°
6.APRIL 13°
7.APRIL 8°
8.APRIL 10°

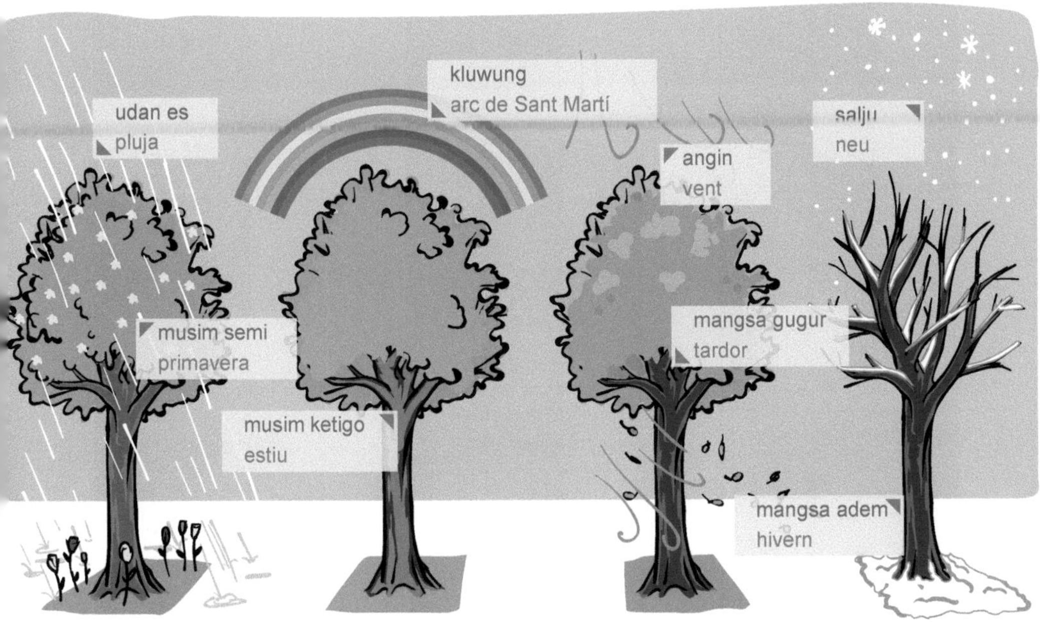

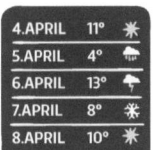

ramalan cuaca

pronòstic del temps

F C
120 40
90 30
60 20
30 10
0 0
-30 -10
-20

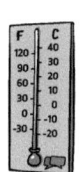

termometer

termòmetre

srengenge

llum del sol

mendhung

núvol

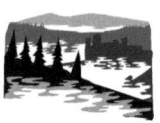

kabut

boira

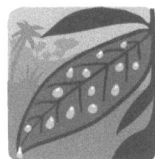

kelembapan

humiditat de l'aire

kilat

llamp

bledheg

tro

badai

tempesta

udan es

calamarsa

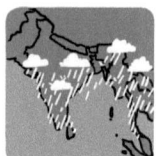

muson

monsó

banjir

inundació

es

gel

Januari

gener

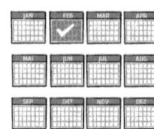

Februari

febrer

Maret

març

April

abril

Mei

maig

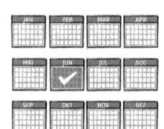

Juni

juny

Juli

juliol

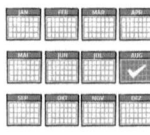

Agustus

agost

September
setembre

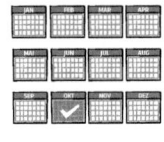

Oktober
octubre

Nopember
novembre

Desember
desembre

wangun
formes

bunder
cercle

kuadrat
quadrat

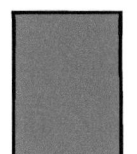

segi papat
rectangle

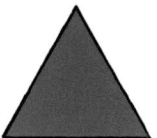

segi telu
triangle

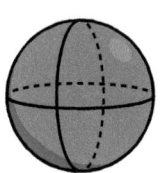

bal
esfera

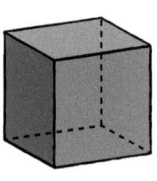

kubus
cub

putih

blanc

kuning

groc

oranye

taronja

jambon

rosa

abang

vermell

ungu

lila

biru

blau

ijo

verd

coklat

marró

abu-abu

gris

ireng

negre

akeh / sithik

molt / poc

nesu / kalem

emprenyat / tranquil

ayu / elek

bonic / lleig

pawitan / pungkasan

començament / fi

gede / cilik

gran / petit

padhang / peteng

clar / fosc

sedulur lanang / sedulur wadon

germà / germana

resik / reged

net / brut

pepak / ora pepak

complet / incomplet

awan / bengi

dia / nit

mati / urip

mort / viu

jembar / sempit

ample / estret

iso dipangan / ora iso
dipangan
comestible / immenjable

ala / becik

dolent / amable

seneng / bosen

entusiasmat / entediat

lemu / kuru

gros / prim

pisanan / pungkasan

primer / darrer

kanca / musuh

amic / enemic

kebak / kosong

ple / buit

atos / empuk

dur / tou

abot / enteng

pesant / lleuger

luwe / wareg

gana / set

lara / waras

malalt / sà

illegal / legal

il·legal / legal

pinter / bodo

intel·ligent / ximple

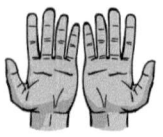

kiwa / tengen

esquerra / dreta

cedhak / adoh

prop / llunyà

anyar / lawas

nou / usat

ora ana / ana

res / quelcom

tuwa / enom

vell / jove

urip / mati

encès / apagat

buka / tutup

obert / tancat

anteng / rame

silenciós / sorollós

sugeh / mlarat

ric / pobre

bener / salah

correcte / incorrecte

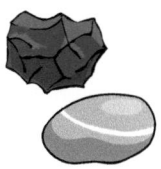

kasar / alus

aspre / suau

susah / seneng

trist / content

cendhak / dawa

curt / llarg

alon / banter

lent / ràpid

teles / garing

humit / sec - eixut

anget / adem

calent / fred

perang / tentrem

guerra / pau

0

nol

zero

1

siji

u

2

loro

dos

3

telu

tres

4

papat

quatre

5

limo

cinc

6

enem

sis

7

pitu

set

8

wolu

vuit

9

songo

nou

10

sepuluh

deu

11

sewelas

onze

12

rolas
dotze

13

telulas
tretze

14

patbelas
catorze

15

limolas
quinze

16

nembelas
setze

17

pitulas
disset

18

wolulas
divuit

19

songolas
dinou

20

rong puluh
vint

100

satus
cent

1.000

sewu
mil

1.000.000

sak yuto
milió

llengües

basa Inggris

anglès

basa Inggris Amerika

anglès americà

basa Cina Mandarin

xinès mandarí

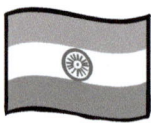

basa Hindi

hindi

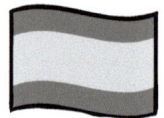

basa Spanyol

espanyol

basa Prancis

francès

basa Arab

àrab

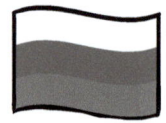

basa Rusia

rus

basa Portugis

portuguès

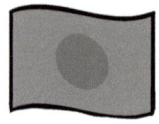

basa Bengali

bengalí

basa Jerman

alemany

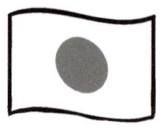

basa Jepang

japonès

aku

jo

kowe

tu

dheweke

ell / ella / allò

kita

nosaltres

kowe kabeh

vosaltres

dheweke kabeh

ells

sapa?

qui?

apa?

què?

piye?

com?

neng endi?

on?

kapan?

quan?

jeneng

nom

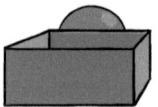

mburi

darrere

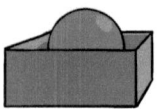

ing jero

en

ing ngarep

davant de

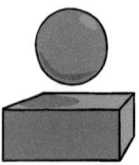

ing dhuwure

damunt

ing

sobre

ing ngisore

sota

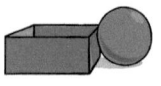

sisih

al costat

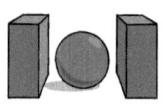

antarane

entre

panggonan

lloc